ŒUVRES

DE

ANTOINE FRANÇON,

DE CLERMONT-FERRAND.

———

Biographie des hommes illustres, depuis Moïse et Sésostris, jusqu'à Victoria, Napoléon III et Garibaldi.

Moïse, législateur des Hébreux, fit une grande faute en tuant sans le vouloir un égyptien, maltraitant injustement un de ses frères. Cette faute, il ne faut pas en douter, fut suivie d'un sincère repentir.

Ce qui me touche le plus dans Moïse, c'est sa continence, cependant cette qualité fut inutile ; on gouverne les hommes avec des lois, et non avec des exemples.

Moïse créa la nation Juive en lui donnant des lois. Godefroy et les Baudouins ne purent point fonder une colonie française à Jérusalem, parce qu'ils ne furent point législateurs.

Moïse punissait le crime de l'adultère par la peine capitale. Les philosophes de l'Égypte, de l'Inde, de la Chine, des Gaules ont tous cru que le crime de l'adultère est un désordre capable de faire périr un empire.

Moïse, portant ses frères dans son cœur, condamnait les homicides au supplice de la croix. Tous les philosophes de l'antiquité ont défendu la vie des hommes vertueux en livrant à d'affreux supplices les homicides.

Moïse sut enrichir ses frères non avec des livres sur l'économie, mais avec de sages lois.

DÉPOT LÉGAL
PUY-DE-DÔME
1861.

Moïse fait un précepte d'immoler les prêtres coupables d'un crime ; cet admirable législateur ne veut point comme Confucius, corriger un prêtre coupable.

L'introduction des femmes étrangères fut le grand fléau de la nation Juive. Moïse défendit l'introduction des femmes étrangères, mais il la défendit faiblement, et sa loi fut violée ; je prie, mon empereur, de faire attention à la faute de Moïse. L'introduction des femmes étrangères chez les juifs, contre la défense de Moïse, apprend aux souverains d'une manière péremptoire que les lois douces réclamées par les français ne sont point protectrices. La violation de la loi de Moïse apprend que les lois douces sont des fléaux et incapables de gouverner les hommes.

Je pourrais défendre mes assertions par mille faits historiques ; Sparte et Rome furent préservées des femmes étrangères par une terrible discipline. La Chine aujourd'hui doit à la sévérité de ses lois l'absence des femmes étrangères. Les camps de notre saint Louis furent des centres de prostitution parce que la discipline française était faible. Une loi française punit le crime de l'adultère et cependant cette loi ne détourne aucun français du crime de l'adultère, parce que cette loi est faible. Les falsificateurs des aliments sont punies tous les jours à Paris, et néanmoins le nombre des falsificateurs ne diminue point, parce qu'il sont punis légèrement.

Cécrops.

Cécrops, contemporain de Moïse, établit une colonie dans l'Attique avant la sortie des Hébreux de l'Egypte. Je prie mon empereur de remarquer que la France chrétienne n'a jamais produit un personnage du mérite de Cécrops. La France est pleine de savants millitaires, de littérateurs, d'économistes, mais elle ne possède aucun génie assez puissant pour faire prospérer notre colonie d'Afrique.

Grande question de la France.

Chose étrange ! Tous les français sont persuadés que la France peut créer des colonies puissantes, pour moi, je suis

rsuadé contre l'opinion de trente millions d'hommes
'une puissante colonie est au-dessus des forces des français,
gis par de faibles lois.

Mes lecteurs me demanderont d'appuyer mon paradoxe
r de fortes raisons.

Je culbute toutes les objections des français par des faits
storiques. Les Francs conduits par Godefroy et les Bau-
uins ne purent réussir à Jérusalem. Les français ne purent
maintenir à Constantinople; les français se firent exter-
iner à Palerme. De nos jours les nègres ont fait à Saint-
mingue une boucherie des français. Durant la guerre de
mpire toutes nos colonies sont tombées au pouvoir des
glais.

Je conclus que la France n'a jamais produit un fondateur
un grand peuple.

Je conclus que Cécrops, illustre créateur de la nation
hénienne doit être mis au nombre des hommes dignes
admiration.

Je conclus que les biographes qui n'ont pas voulu s'occu-
r de Cécrops n'ont pas rendu justice à ce grand homme.

_____

Chiron surnommé Centaure.

Les biographes parlent très-peu de Chiron parce qu'il ne
t pas un tueur d'hommes, et parce qu'il ne remporta point
victoires. Chiron fut un grand philosophe, il éleva un
and nombre de princes. Le célèbre Achille fut élevé par
hiron. Le grand Énée qui, après la prise de la ville de Troie,
nt s'établir en Italie, fait honneur à Chiron son maître. Tout
t grand dans Énée, on ne lui reproche aucune faute, il fut
âme et le rempart de Troie, et il fonda en Italie une puis-
nte colonie.

Chiron, en faisant d'Énée un législateur, fut le vrai fon-
ateur de la puissance romaine

Je conclus que Chiron et que le prince Énée doivent être
is au nombre des hommes dignes d'admiration.

_____

Didon.

La belle Didon porta la vertu de chasteté à un trop haut degré. Cette reine fait la gloire de son sexe. Elle s'est rendue immortelle en fondant et en créant un grand peuple ; elle est à cent lieues au-dessus du grand Annibal. La fameuse Didon fut créatrice d'une célèbre nation ; Annibal fut un fameux tueur d'hommes. Annibal est très-petit auprès de l'illustre Didon.

RÉFLEXION.

Je prie mon empereur de remarquer que les colonies de Cécrops, de Moïse, de Didon, d'Énée, de Romulus faibles dans le principe et abandonnées des métropoles, prirent une grande force ; je prie, en même temps, mon empereur, de remarquer que les européens ne peuvent fonder des colonies puissantes quoique protégées par les métropoles ; je suis persuadé que les européens ne peuvent fonder des colonies, parce qu'il y a en Europe retrogradation de la législation.

Grande objection des Français.

Les partisans des colonies disent que la France ne peut point créer des colonies, parce qu'elle se sert des hommes les plus vicieux pour les fonder.

Je culbute cette fameuse objection par des faits historiques éclatants. Les Francs conduits dans la Palestine par Godefroy et les Baudouins furent des paysans pleins de religion, et il ne prirent aucune force. Les huit mille français conduits par le frère de saint Louis à Palerme furent religieux, et ils furent exterminés.

Les sujets de Romulus furent très-vicieux et ils devinrent vertueux, et un grand peuple. Les colons de Rollon cruels et pillards, firent une nation puissante. Romulus et Rollon régénérèrent leurs sujets en leur donnant de bonnes lois, et en exterminant les violateurs des lois.

Sésostris.

Ce célèbre conquérant, produit par l'Egypte, déclara la guerre à des nations qui n'avaient fait aucun mal à l'Egypte ; il crut obéir à un oracle, et un moraliste serait trop sévère s'il le plaçait au nombre des brigands. Sésostris fut un conquérant de bonne foi.

Ce grand roi fut chaste, religieux, éloquent, valeureux, amateur de ses sujets et passionné pour la grandeur de sa patrie. Ce roi se souilla d'une tâche en triomphant cruellement de ses ennemis vaincus, et il fut condamné par la majorité des moralistes de l'Égypte, parvenus à une civilisation qui n'existe pas encore en Europe. Notre Louis XIV a triomphé cruellement de ses ennemis vaincus, et il a été condamné par le seul prélat Fénélon, ce qui prouve que la civilisation a besoin de faire des progrès en France.

Les Anglais ont triomphé cruellement des Français vaincus, en construisant, à Londres, le pont de Waterloo. Ce pont de Waterloo rappelle un indigne carnage humain. Cet indigne carnage a jeté le deuil dans cinquante mille familles anglaises. O extravagance du dix-neuvième siècle !

Le grand Sésostris fit une faute colossale qui doit être une grande instruction pour les souverains. Pour plaire à ses sujets, il supprima des lois sévères et protectrices, et il tua l'Egypte en favorisant l'indolence et l'incontinence de ses sujets. Par sa faute, sa patrie fut la proie de Cambyse.

Actuellement les Français demandent à grands cris leur mort en demandant des lois douces. Les lois que les sophistes appellent douces sont les plus atroces du monde. Une loi est absurde et atroce lorsqu'elle n'est point protectrice. Tous les philosophes de l'antiquité ont cru que l'homme ne peut être régi que par des lois sévères. Le vol violent est puni par la strangulation dans la Chine.

Qu'est-ce qui peut contester de la sagesse à l'antique Egypte? Les historiens anciens et modernes, l'immoral Voltaire et le moraliste Bossuet s'accordent à dire que l'antique Egypte fut gouvernée par de sages lois. Le saint Esprit a fait l'éloge des lois de l'Egypte, en disant que Moïse fut élevé dans toute la sagesse des Egyptiens. Leurs lois étaient terribles. La paresse fut quelquefois punie par la peine capitale; les adultères étaient lapidés; le vol violent était dans certains cas puni par le supplice de la croix; les grands criminels étaient quelquefois placés entre deux bourreaux, on leur faisait sentir le feu d'un côté et le fouet de l'autre, avant de les clouer à la croix. Le débiteur devenait l'esclave de ses créanciers. Ces lois sévères firent vivre l'antique Egypte avec gloire pendant quinze siècles. L'abandon de ces lois jeta les Egyptiens dans l'indolence et fit périr l'Egypte.

Je conclus que les lois douces ou faibles sont une déplorable illusion.

Je conclus que les partisans des lois douces sont des philantropes peu éclairés.

Je conclus que les philosophes ont toujours condamné les lois faibles et peu protectrices.

Lorsque Thèbes, Sparte, Athènes et Rome florissaient, ces villes étaient régies par des lois terribles. Lorsque ces villes périrent, elles étaient gouvernées par des lois douces et faibles.

Confucius.

Confucius, législateur des Chinois, fut le plus vertueux des hommes, le plus doux des hommes, le plus civilisé des hommes, le plus savant des hommes. Ce roi des philosophes condamnait les femmes à être disséqués vivantes, lorsqu'elles avaient empoisonné leurs maris, pour vivre avec des amants. Ce roi des législateurs condamnait les transfuges à être disséqués vivants.

Nous croyons que Moïse, Minos, Confucius et Lycurgue furent des hommes durs, parce qu'ils imposèrent aux hommes des lois sévères; notre erreur est monstrueuse. Les anciens législateurs furent les plus civilisés et les plus innocents des hommes.

Les anciens législateurs ont désiré ardemment d'être les bienfaiteurs du genre humain. Lorsque le savant Confucius faisait disséquer une femme vivante, coupable d'avoir tué son mari pour vivre avec des amants, il sauvait la vie à dix mille hommes, il détournait dix mille femmes de tuer leurs

maris. Lorsqu'il faisait disséquer vivant un homme con-
vaincu d'avoir tué sa femme, pour vivre avec de jeunes filles, il sauvait la vie à dix mille femmes, et il détournait dix
mille hommes de commettre un grand crime.

Lorsque le savant Moïse faisait lapider un père adultère,
il préservait dix mille enfants du paupérisme ; il arrêtait la
corruption et il préservait la jeunesse d'un grand scandale.

Le crime de l'adultère ruine les hommes, et les hommes
ruinés aiment les révolutions. Le crime de l'adultère est un
crime impolitique.

Je conclus que l'extermination des adultères fut une des
causes de la richesse des Hébreux.

Je conclus que l'extermination des adultères diminuerait
le paupérisme, en France.

Je conclus que la loi qui condamne les adultères à la peine
capitale est fondée sur une philosophie profonde.

Lorsque les faibles législateurs de l'Occident traitent avec
douceur une femme qui a empoisonné son mari, ils encoura-
gent dix mille femmes à tuer leurs époux, pour vivre avec
des amants.

Je conclus que Minos, Moïse, Lycurgue et Confucius ont
été des philantropes éclairés.

Je conclus que les législateurs qui condamnent les homicides à la réclusion sont barbares et cruels au lieu d'être
cléments et civilisés.

Lycurgue, législateur de Sparte.

Ce célèbre législateur, trop prôné, fit une faute colossale
en ne plaçant pas l'adultère au nombre des crimes. Il favo-
risa la corruption de son peuple. Lycurgue fit une faute colossale en ne forçant pas par une loi les Spartiates au travail
de la terre. Le défaut de ce travail pouvait causer des fa-
mines et des désordres. Lycurgue fit une faute colossale en
négligeant de rendre vertueux les Lacédémoniens.

Erreur de Plutarque.

Plutarque veut faire croire que la communauté des femmes était légale à Sparte, c'est une des erreurs de cet écrivain; à Lacédémone, les époux se renfermaient dans l'amour conjugal, une femme ne quittait point son domicile sans la permission de son mari. La communauté légale des femmes n'a existé dans aucune nation. Lycurgue ne toléra aucune fille publique, il préserva avec le plus grand soin la jeunesse de l'incontinence, il s'opposa à la volupté des époux; il faut mettre au nombre des fables la communauté légale des femmes spartiates.

Le nombre des femmes communes augmente tous les jours, en Europe, parce qu'on les tolère. La Suisse dégénérée tolère les filles publiques, après les avoir proscrites pendant quarante siècles. Le vénérable Pie IX fait des efforts inutiles pour convertir les femmes communes de son royaume. La Chine, plus sage que l'Europe, renferme les femmes dans l'amour conjugal, en faisant périr les filles publiques sous le bâton.

Je conclus que la communauté des femmes, en Europe, doit être attribuée à ses faibles législateurs.

Je conclus que le travail du bourreau préserve le Céleste-Empire de l'infection des femmes communes.

Je conclus que les partisans des femmes communes sont des sophistes exécrables.

Je conclus que les filles publiques ne peuvent être déclarées utiles que par des pourceaux.

Je conclus, avec Montesquieu et le citoyen de Genève, que la tolérance des filles publiques est une grande violation de la loi naturelle.

David et Salomon, rois d'Israël.

Les règnes de David et de Salomon offrent aux souverains une grande instruction. Le roi David, dans son royaume, fut juste jusqu'à la cruauté; dans sa maison, il fut plus faible qu'une femme. Les crimes des enfants du roi David sont connus : l'espoir de l'impunité fut la vraie cause de leurs forfaits. La grande faiblesse du roi David, pour ses enfants, fut le fléau de sa maison et de son royaume. Le roi Priam fut le fléau de son royaume en tolérant le crime de Paris. Tarquin-le-Superbe fut le fléau de sa dynastie, en tolérant le crime de son fils Sextus. ——

Ces faits historiques et trop célèbres me font conclure que l'éducation des rois doit être aussi sage que sévère; ces faits historiques me font conclure qu'un souverain ne doit jamais tolérer les fautes légères de ses enfants. Ces faits historiques me font conclure qu'un caractère débonnaire est un défaut capital chez un souverain.

Le roi Salomon fut un grand homme et un grand roi; il fut le plus savant des rois des Juifs, il fut un grand professeur de philosophie, il remplit la Judée de ses écrits, il enrichit la Judée. Pendant son illustre règne, l'or fut en abondance chez les Juifs. Il fut le fléau de sa nation en déterminant le schisme des dix tribus. La cause du schisme fut unique. Les dix tribus se séparèrent du faible Roboam, pour se délivrer des impôts imposés par Salomon.

Charlemagne, avec sa dîme ecclésiastique, a rempli l'Occident de guerres civiles et a dépeuplé une grande partie de l'Europe.

Il est certain que les impôts ont été la grande cause de la révolution désastreuse de 89.

Il est certain que le gouvernement de Louis XVIII n'a pas été aimé, parce que ce roi n'a pas diminué les impôts.

Il est certain que Charles X a été répudié à cause de ses projets d'augmenter les impôts.

Il est certain que le règne de Louis-Philippe a été détesté parce qu'il augmentait les impôts.

Il est certain que la nouvelle qui annoncerait l'abolition de l'impôt sur les boissons réjouirait les Français bien plus que la nouvelle de dix mille victoires.

O déplorable aveuglement des Français! Les impôts vexatoires ont de nos jours fait couler le sang royal, le sang des prêtres, le sang des nobles, et cependant tous les Français poussent notre empereur à augmenter les impôts pour faire la guerre ou pour enrichir les fonctionnaires publics.

Les prêtres égorgés pendant la révolution, les évêques exilés, les églises démolies ou démantelées, les cadavres des prêtres qui fument Cayenne ne sont pas capables de donner de la sagesse.

———

Romulus.

Le règne de Romulus présente aux souverains, aux sénateurs, aux législateurs, aux hommes d'état, une grande instruction. Rémus et Tatius, immolés injustement, sont les deux grandes taches de Romulus. Cet illustre fondateur de la grandeur romaine réfute d'une manière péremptoire les savants de la France qui disent que la France n'a pu créer des colonies puissantes, parce qu'elle emploie des hommes vicieux pour les établir. La colonie de Romulus fut très-vicieuse, elle fut néanmoins la source du peuple le plus vertueux et le plus puissant du monde. La renaissance de la colonie de Romulus apprend à tous les savants qu'une nation très corrompue peut être régénérée.

Que fit le célèbre Romulus pour réformer son jeune peuple ? Il lui imposa de sages lois, et il fit exterminer les violateurs des lois. Pour peupler son pays, il fit rouler la Roche Tarpéienne aux filles publiques ; pour forcer les hommes au travail, il fit brûler et décapiter les voleurs.

Comparons Romulus au vénérable Pie IX. Romulus, méchant homme, fut un grand souverain. Le pape Pie IX. qui est un saint, est un faible souverain, parce qu'il est étranger à la science législative. La divine Providence a destiné Romulus à la grandeur de Rome, en lui donnant le don de la législation ; la divine Providence n'a pas créé Pie IX pour le bonheur des Romains, en lui refusant le don de la science législative.

Comparons Romulus à notre valeureux Godefroy-de-Bouillon, premier roi croisé à Jérusalem. Godefroy fut rempli de belles qualités, il fut plus vertueux que Romulus, et cependant il ne fut pas capable de fonder une colonie française à Jérusalem, parce qu'il ne fut pas législateur.

Je conclus qu'un méchant homme peut fonder une colonie puissante avec des hommes vicieux, s'il est un grand législateur.

Je conclus qu'un saint homme est incapable de fonder une colonie puissante avec des hommes de mœurs, s'il est étranger à la science législative.

Je conclus que la France chrétienne n'a jamais pu fonder une puissante colonie, parce que la France n'a jamais produit un grand législateur.

Numa Pompilius, second roi de Rome.

Ce règne admirable fut l'âge d'or des Romains. La vie privée de l'illustre Numa fut sans reproche comme sa vie politique : il préserva ses sujets du double fléau de la guerre civile et étrangère; il fut le conciliateur de ses voisins et le glorieux pacificateur de l'Italie. Romulus avait voulu donner une grande force à sa colonie naissante par la sagesse de ses lois et la sévérité de ses institutions. Numa voulut civiliser les Romains et les remplir de religion et de justice. Numa fit vivre les Romains dans le travail de l'agriculture, dans les fêtes et les festins. Il fut honoré non comme un homme mais comme un Dieu bienfaisant. Il fut un grand professeur de philosophie. La mort du glorieux Numa fit verser des larmes aux Romains et aux Italiens.

Je conclus que Numa doit être placé au nombre des hommes dignes d'admiration.

Je conclus que Numa est un grand roi, un grand bienfaiteur du genre humain et un roi modèle.

Alexandre II, empereur de Russie.

Alexandre II veut être le Numa de la Russie, il veut faire régner dans son vaste empire cet âge d'or tant célébré par les poètes. Il s'occupe de philosophie, d'économie, de l'agriculture. Au lieu de faire tuer ses sujets, il travaille sans cesse à les enrichir et à les civiliser.

Alexandre II pouvait continuer la guerre contre la France et l'Angleterre, mais il a cédé afin d'être le bienfaiteur de l'Europe. En faisant la guerre, il aurait ruiné et dépeuplé l'Occident et son empire ; en cédant, en faisant la paix, il a sauvé la vie à un million d'hommes et il a mérité d'être placé au nombre des souverains philosophes. Il ne peut être condamné que par des têtes frivoles. Un roi qui fait vivre un million d'hommes se couvre d'une gloire immortelle, et un roi qui conduit ses sujets à la bouche du canon pour des intérêts frivoles est homicide, et il se couvre d'une honte éternelle.

Deux Alexandre ont traité la France favorablement : le premier Alexandre, deux fois à Paris, n'a pas démembré l'ancienne France. Alexandre II a fait la paix avec la France, lorsqu'il pouvait faire la guerre.

Guidé par la gratitude, je désire fortement être utile à sa majesté Alexandre II, j'exhorte cet illustre empereur à redouter la corruption profonde de l'Occident ; j'exhorte sa majesté à penser que les Grecs furent vaincus par le fer des Romains, et que les Romains furent vaincus par les sophistes de la Grèce.

Les sophistes de l'Occident ont tellement crié que l'incontinence est un droit, qu'ils ont déterminé les législateurs à placer la prostitution au rang des industries. Les sophistes aujourd'hui crient sans cesse que les voleurs doivent être traités avec la plus grande indulgence ; les sophistes abominables osent dire que l'homme n'est pas libre.

J'exhorte l'illustre souverain de la Russie à se persuader que son empire puissant par le nombre et la qualité des hommes, peut fort bien être tué par un vil troupeau de sophistes.

Si j'étais ennemi de la Russie j'exhorterais mon empereur à attaquer cette terrible puissance par une bande de sophistes.

La Russie attaquée par de telles armes ne pourrait éviter un ignoble trépas. Le perfide Philopœmen renversa la puissance de Sparte en l'attaquant avec des sophistes, en faisant abolir la constitution de Lycurgue.

J'exhorte le Numa qui fait la gloire et le bonheur de la Russie à accorder mille coups de kenouts aux sophistes qui porteront leurs belles doctrines dans son empire.

Haute question philosophique.

La nation romaine est-elle l'œuvre de Romulus, où est-elle l'œuvre de Numa Pompilius? Je pense, contre l'opinion de Machiavel, que Romulus fut le vrai fondateur du Peuple-Roi, en soumettant sa faible colonie à de sages lois et à de sévères institutions. Numa rendit un important service aux Romains en leur enseignant la civilisation, la religion et la justice; cependant les lois sages seules donnent la vie aux nations.

Je suis persuadé que les colonies doivent leur vie à une bonne constitution; je fais un grand cas de la religion, de la littérature, de la civilisation et de la justice, mais je suis persuadé que ces bienfaits ne sont que des moyens auxiliaires, ou secondaires, ou accessoires pour fonder des colonies.

Ayant fort à cœur d'éclairer notre empereur je corrobore mes assertions par des faits historiques. Le vénérable Pie IX est aussi religieux que Numa, l'on ne peut cependant point dire qu'il est né pour la grandeur de Rome. Les polonais sont aussi civilisés que les russes, cependant la Pologne est morte et la Russie est en progrès. Les français sont à la tête de la civilisation, cependant la France a été tuée de nos jours à Saint-Domingue. L'Egypte très-civilisée et très-religieuse tomba sous les coups de Cambyse. La Grèce très-lettrée supporta la domination des paysans de Rome. Les Gaulois nos ancêtres civilisés par les phocéens furent domptés par César. Le Peuple-Roi très-civilisé fut exterminé par les barbares. Moïse, Cécrops, Didon, Énée, Romulus. Rollon furent créateurs parce qu'ils furent législateurs. Godefroy, les Baudouins et les Lusignans ne purent fonder à Jérusalem des colonies parce qu'ils ne furent point législateurs.

Le frère de notre saint Louis ne put établir à Palerme une colonie française, parce qu'il ne fut point législateur; enfin la France n'a jamais pu créer une puissante colonie, parce qu'elle n'a jamais produit un grand législateur.

J'exhorte notre empereur à jeter un coup-d'œil sur les colonies européennes. L'union américaine est la seule puissance créée par l'Europe moderne.

J'exhorte notre empereur à se persuader que la France ressemble à une tortue. Lorsqu'une tortue ramasse ses membres dans sa cuirasse elle se met à l'abri de ses ennemis, et elle perd le membre qui n'est point protégé par sa cuirasse. La France dans la grande révolution a culbuté l'Europe qui s'est précipitée sur elle. La France imprudente a voulu porter la guerre hors ses frontières ; elle s'est épuisée et elle a fait tuer ses défenseurs par les fatigues et le canon des ennemis. Elle a fait venir deux fois l'Europe à Paris.

Un million de français fume la Palestine inutilement pour la religion ; un demi-million de français fume l'Espagne inutilement ; un demi-million de français fume l'Italie inutilement ; un demi-million de français fume l'Allemagne inutilement ; un demi million de français fume la Russie inutilement ; un demi-million de français fume l'Afrique et l'Amérique inutilement.

J'exhorte notre empereur à se persuader que la divine providence ne bénit point le système de guere des français.

J'exhorte notre empereur à se persuader que la divine providence apprend aux français par des revers qu'ils doivent imiter la prudence de la tortue. La divine providence enseigne aux français qu'ils ne doivent jamais sortir de la France continentale pour faire la guerre ou pour fonder de vastes colonies.

Haute question sur l'insuccès de l'Algérie.

L'insuccès de l'Algérie doit-il être attribué aux fautes des gouverneurs ? je réponds négativement ; tous les gouverneurs ont été des hommes de mérite et très-zélés pour la prospérité de la colonie.

L'insuccès de l'Algérie doit-il être rapporté aux fautes du gouvernement français ? je réponds négativement. Notre gouvernement a eu fortement à cœur de donner de la splendeur à notre importante colonie.

Enfin l'insuccès de l'Algérie est-il sans cause ? je réponds négativement. J'appelle ici l'attention de notre empereur, celle du maréchal Pélissier et de tous les souverains de l'Europe.

La faiblesse des lois françaises est la cause unique de l'insuccès de notre belle colonie d'Afrique.

La faiblesse des lois de l'Europe est la vraie cause de la décadence des colonies européennes.

Réfutation des erreurs de Louis Jourdan sur l'insuccès de l'Algérie.

Louis Jourdan s'exprime ainsi dans *le Siècle* : « Après » trente années d'occupation, après de si onéreux sacrifices, » la France traine l'Algérie comme un boulet ; c'est la faute » des divers régimes qui s'y sont succédés. » L'erreur de Louis Jourdan est monstrueuse ; il est impossible d'une manière absolue de fonder des colonies avec les faibles lois de la France.

Louis Jourdan s'exprime ainsi : « L'Algérie est elle fran-» çaise ? Oui. Si elle est française, qu'elle soit régie civile-» ment comme la France est régie. »

L'erreur de Louis Jourdan est colossale. Les faibles lois françaises peuvent faire vivre une nation établie, mais les faibles lois ne peuvent point créer une nation. Lorsqu'un enfant vient au monde il a besoin de très-grands soins pour faire un homme ; de même, une colonie a besoin d'être régie par des lois protectrices pour devenir une nation.

Erreur monstrueuse du prélat de Chambéry.

Ce prélat parle ainsi à notre Napoléon : « Nous expri-» merons à votre majesté l'espérance qu'elle continuera à » user de la haute puissance que le ciel lui a donnée, pour » protéger l'église catholique en Italie, en Syrie et en » Chine. »

Je réfute le prélat de Chambéry par les paroles du père Ventura. L'orateur italien, aussi éloquent qu'inconséquent, a prêché à notre Napoléon que les imprudentes protections ont été plus funestes à l'Église que les persécutions.

Je réfute le prélat de Chambéry par l'histoire. Les croisades ont ruiné et dépeuplé la France sans aucun succès pour protéger le catholicisme dans la Palestine.

Le catholicisme en Italie ne peut être protégé que par les bons exemples des prêtres.

Erreur monstrueuse de l'évêque de Dijon.

Ce prélat tient ce discours à notre Napoléon : « Chrétien,
» vous allez refouler l'idolâtrie et l'islamisme, fanatiques et
» barbares. »

O extravagance du dix-neuvième siècle ! L'idolâtrie et
l'islamisme résisteront toujours à l'épée, ils céderont toujours aux grands exemples de vertu.

Question de la civilisation.

Je désirerais être assez savant pour donner aux Français
une belle définition de la civilisation ; cependant je suis persuadé que la civilisation ne peut être séparée du droit. Je
suis persuadé que la barbarie sera chassée de l'Europe, lorsque les nations et les gouvernements auront horreur de la
violation du droit.

Question de l'Italie.

Les grands philosophes, au nombre desquels se trouve
Jean-Jacques, ont enseigné que pour régénérer un peuple,
il faut délivrer l'âme avant de délivrer le corps ; ils ont
voulu dire qu'il faut sortir les hommes de l'abîme de la corruption avant de les rendre à la liberté.

Les sentiments des grands philosophes me font conclure
que les français doivent régénérer les Italiens moralement,
avant de les régénerer politiquement. L'Italie est écrasée
par vingt siècles de corruption.

J'exhorte les sages de la France et de l'Europe à délivrer
les Italiens et à leur procurer une double régénération.

Les questions des colonies, de l'Italie, de la civilisation, de
la législation seront développées dans d'autres écrits.

Imprimé chez Auguste Veysset, à Clermont-Ferrand.

SOMMAIRE.

Grandes qualités de Moïse et ses fautes.

Cause de la décadence des Hébreux.

Faute de Godefroy, premier roi français de Jérusalem.

Cause de la décadence de sa colonie française.

Grandes qualités de Cécrops, fondateur d'Athènes.

Admirables qualités de Chiron, surnommé le Centaure.

Qualités de Didon, la grande gloire de son sexe.

Qualités et fautes de Sésostris, roi d'Égypte.

Confucius, roi des Législateurs.

Fautes de Lycurgue, législateur de Sparte.

Erreurs de Plutarque.

Fautes de David et de Salomon, rois d'Israël.

Fautes et qualités de Romulus.

Grandes vertus de Numa Pompilius.

Vertus d'Alexandre II, empereur de la Russie.

Question philosophique.

Haute question sur l'annexes de l'Algérie.

Réfutation des erreurs de Louis Jourdan.

Question de la civilisation.

Question de l'Italie.

SOMMAIRE.

Grandes qualités de Moïse et ses fautes.

Cause de la décadence des Hébreux.

Faute de Godefroy, premier roi français de Jérusalem.

Cause de la décadence de sa colonie française.

Grandes qualités de Cécrops, fondateur d'Athènes.

Admirables qualités de Chiron, surnommé Centaure.

Qualités de Didon, la grande gloire de son sexe.

Qualités et fautes de Sésostris, roi d'Egypte.

Confucius, roi des Législateurs.

Fautes de Lycurgue, législateur de Sparte.

Erreurs de Plutarque.

Fautes de David et de Salomon, rois d'Israël.

Fautes et qualités de Romulus.

Grandes vertus de Numa Pompilius.

Vertus d'Alexandre II, empereur de la Russie.

Question philosophique.

Haute question sur l'insuccès de l'Algérie.

Réfutation des erreurs de Louis Jourdan.

Question de la civilisation.

Question de l'Italie.

www.ingramcontent.com/pod-product-compliance
Lightning Source LLC
Chambersburg PA
CBHW060724280326
41933CB00013B/2553